CARTA APOSTÓLICA

QUÉDATE CON NOSOTROS

DEL SUMO PONTÍFICE

JUAN PABLO II

AL EPISCOPADO, AL CLERO
Y A LOS FIELES
PARA EL AÑO DE LA EUCARISTÍA
(OCTUBRE 2004 - OCTUBRE 2005)

1.ª edición, 5.000 ejemplares (octubre 2004)
2.ª edición, 5.000 ejemplares (octubre 2004)
3.ª edición, 5.000 ejemplares (octubre 2004)
4.ª edición, 5.000 ejemplares (octubre 2004)

Madre de Dios, 35 bis. 28016 Madrid
Tel.: 91 345 19 92
Fax: 91 350 50 99
E-mail: edibesa@planalfa.es
www.edibesa.com

ISBN: 84-8407-479-X
Depósito legal: M. 45.653-2004

Fotocomposición, Preimpresión sistema Computer to Plate e impresión:
Impresos y Revistas, S. A. (IMPRESA)

IMPRESO EN ESPAÑA - PRINTED IN SPAIN

INTRODUCCIÓN

1. «Quédate con nosotros, Señor, porque atardece» (cf. Lc 24, 29). Ésta fue la angustiada invitación que los dos discípulos, de camino hacia Emaús la misma tarde del día de la Resurrección, dirigieron al Viandante que se les había unido a lo largo del camino. Llenos de pensamientos tristes, no imaginaban que aquel desconocido fuera precisamente su Maestro, resucitado ya. Experimentaban, con todo, un «ardor» íntimo (cf. *ibíd.*, 32), mientras él les hablaba «explicando» las Escrituras. La luz de la Palabra fundía la dureza de sus corazones y les «abría los ojos» (cf. *ibíd.*, 31). Entre las sombras del día que ya declinaba y la oscuridad que se cernía sobre sus ánimos, aquel Viandante era un rayo de luz que despertaba la esperanza y abría sus ánimos al deseo de la luz plena. «Quédate con nosotros», suplicaron. Y él aceptó. De ahí a poco, el rostro de Jesús desaparecería, pero el Maestro «permanecería» bajo los velos del «pan partido», ante el cual se habían abierto sus ojos.

2. *El icono de los discípulos de Emaús* bien se presta a orientar un Año que verá a la Iglesia particularmente entregada a vivir el misterio de la Santa

Eucaristía. Por el camino de nuestros interrogantes y de nuestras inquietudes —a veces de nuestras amargas desilusiones—, el divino Viandante sigue haciéndose compañero nuestro para introducirnos, con la interpretación de las Escrituras, en la comprensión de los misterios de Dios. Cuando el encuentro llega a su plenitud, a la luz de la Palabra le sucede la que dimana del «Pan de vida», con el que Cristo cumple de forma suprema su promesa de «estar con nosotros todos los días, hasta el fin del mundo» (cf. Mt 28, 20).

3. La «fracción del pan» —tal y como se denominaba en un principio a la Eucaristía— ocupa desde siempre el centro de la vida de la Iglesia. Por medio de ella Cristo hace presente, en el fluir del tiempo, su misterio de muerte y resurrección. En ella, él en persona es recibido como «pan vivo que ha bajado del cielo» (Jn 6, 51), y con él se nos da la prenda de la vida eterna, gracias a la cual saboreamos por adelantado el eterno banquete de la Jerusalén celestial. Varias veces, y recientemente en la Encíclica *Ecclesia de Eucharistia,* siguiendo las huellas de la enseñanza de los Padres, de los Concilios Ecuménicos y de mis propios antecesores, he invitado a la Iglesia a reflexionar sobre la Eucaristía. No pretendo, pues, en el presente escrito, proponer una vez más la enseñanza dada, a la que remito para que se profundice y asimile. He estimado, sin embargo, que, precisamente con este fin, podía resultar muy provechoso un *Año íntegramente dedicado a tan admirable sacramento*.

4. Como es sabido, el *Año de la Eucaristía* durará de octubre de 2004 a octubre de 2005. La ocasión propicia para esta iniciativa me la han brindado dos acontecimientos, que acompasarán oportunamente su inicio y su fin: el *Congreso Eucarístico Internacional,* programado del 10 al 17 de octubre en Guadalajara (México), y la *Asamblea Ordinaria del Sínodo de los Obispos,* que se celebrará en el Vaticano del 2 al 29 de octubre de 2005, y que tendrá como tema: «La Eucaristía, fuente y cumbre de la vida y de la misión de la Iglesia». Para orientarme en esta decisión no ha faltado, además, otra consideración: se celebra este año la *Jornada Mundial de la Juventud,* que tendrá lugar en Colonia del 16 al 21 de agosto de 2005. La Eucaristía es el centro vital alrededor del cual deseo que los jóvenes se reúnan para alimentar su fe y su entusiasmo. La idea de semejante iniciativa eucarística hacía tiempo que ocupaba mi ánimo, ya que constituye el desarrollo natural de la orientación pastoral que he querido transmitir a la Iglesia, especialmente a partir de los años de preparación del Jubileo, y que he retomado después en los sucesivos.

5. En la presente Carta apostólica me propongo subrayar dicha continuidad de orientación para que a todos les resulte más fácil captar el alcance espiritual de la misma. En lo que atañe a la realización concreta del *Año de la Eucaristía,* cuento con el personal desvelo de los pastores de las Iglesias particulares, a quienes la devoción a tan gran misterio no dejará de sugerir las convenientes acciones. A mis

hermanos en el episcopado, por otra parte, no les resultará difícil percibir cómo esta iniciativa, que sigue a corta distancia a la conclusión del Año del Rosario, se sitúa a un nivel espiritual tan profundo que no estorbará de manera alguna los programas pastorales de las Iglesias individuales. Antes aún, puede iluminarlos eficazmente, anclándolos, por así decirlo, en el misterio que constituye la raíz y el secreto de la vida espiritual de los fieles y de toda iniciativa de la Iglesia local. No pido, por lo tanto, que se interrumpan los «caminos» pastorales que las Iglesias individuales están recorriendo, sino que se acentúe en ellos la dimensión eucarística, que es propia de toda la vida cristiana. Por lo que a mí respecta, con la presente Carta deseo ofrecer *algunas orientaciones básicas,* confiando en que el Pueblo de Dios, en sus diversos componentes, quiera acoger mi propuesta con pronta docilidad e intenso amor.

I
En la estela del Concilio y del Jubileo

Con la mirada puesta en Cristo

6. Hace diez años, con la *Tertio millennio adveniente* (10 de noviembre de 1994), tuve la dicha de señalar a la Iglesia el camino de preparación al *Gran Jubileo del Año 2000*. Sentía que esa ocasión histórica se perfilaba en el horizonte como una gran merced. Ciertamente, no me hacía la ilusión de que un mero paso cronológico, aun resultando sugestivo, pudiera en sí mismo implicar grandes cambios. Por desgracia, los hechos se han encargado de poner de relieve, tras el inicio del milenio, una especie de cruda continuidad con los acontecimientos anteriores y, frecuentemente, con los peores de éstos. De esta manera ha ido dibujándose un escenario que, junto con perspectivas consoladoras, permite vislumbrar sombras siniestras de violencia y de sangre que no dejan de acongojarnos. Con todo, cuando invité a la Iglesia a celebrar el Jubileo de los dos mil años de la Encarnación, estaba totalmente convencido —¡y sigo estándolo hoy más que nunca!— de que trabajaba con la vista puesta en los «tiempos largos» de la Humanidad.

Y es que Cristo no sólo ocupa el centro de la historia de la Iglesia, sino también el de la historia de la Humanidad. En él todo se recapitula (cf. Ef 1, 10; Col 1, 15-20). ¿Cómo no recordar el ardor con que el Concilio Ecuménico Vaticano II, citando al Papa Pablo VI, confesó que Cristo «es el fin de la historia humana, el punto en el que convergen los deseos de la historia y de la civilización, centro del género humano, gozo de todos los corazones y plenitud de sus aspiraciones»? (1) La enseñanza del Concilio aportó nuevas profundizaciones al conocimiento de la naturaleza de la Iglesia, abriendo el ánimo de los creyentes a una comprensión más atenta de los misterios de la fe y de las mismas realidades terrenales a la luz de Cristo. Efectivamente, en él, Verbo hecho carne, no sólo se ha revelado el misterio de Dios, sino el propio misterio del hombre (2). En él halla el hombre redención y plenitud.

7. En la Encíclica *Redemptor hominis,* en los inicios de mi pontificado, desarrollé ampliamente esta temática, que posteriormente he retomado en varias y distintas circunstancias. El Jubileo constituyó el momento propicio para encauzar la atención de los creyentes hacia esta verdad fundamental. La preparación de tan magno acontecimiento fue toda ella trinitaria y cristocéntrica. Bajo este planteamiento, ciertamente no podía caer en el olvido la Eucaristía. Si hoy nos disponemos a celebrar un Año de la Eucaristía, me complace recordar que ya en la *Tertio millennio adveniente* escribía: «El 2000 será un año intensamente eucarístico: en el sacramento de la Eucaristía el Salvador, encarnado en el seno de María hace veinte siglos, continúa ofreciéndose a la Humanidad como fuente de vida divina» (3). El Con-

---

(1) Constitución pastoral sobre la Iglesia en el mundo contemporáneo *Gaudium et spes,* n. 45.

(2) Cf. *ibíd.*, n. 22.

(3) N. 55: ECCLESIA, núm. 2.712 (1994/II), pág. 1793.

greso Eucarístico Internacional, celebrado en Roma, dio concreción a esta connotación del Gran Jubileo. Cabe también recordar que, en plena preparación del Jubileo, en la Carta apostólica *Dies Domini,* propuse a la meditación de los creyentes el tema del «domingo» como día del Señor resucitado y día especial de la Iglesia. En aquella ocasión invité a todos a redescubrir la celebración eucarística como corazón del domingo (4).

Contemplar con María el rostro de Cristo

8. El legado del Gran Jubileo quedó de alguna manera recogido en la Carta apostólica *Novo millennio ineunte.* En este documento, de carácter programático, sugería yo una perspectiva de compromiso pastoral basado en la contemplación del rostro de Cristo, en el seno de una pedagogía eclesial capaz de tender a un «alto grado» de santidad, procurado especialmente mediante el arte de la oración (5). ¿Y cómo podían faltar, en dicha perspectiva, el compromiso litúrgico y, de especial manera, *la atención a la vida eucarística?* Escribí en aquella ocasión: «En el siglo XX, especialmente a partir del Concilio, la comunidad cristiana ha ganado mucho en el modo de celebrar los Sacramentos y sobre todo la Eucaristía. Es preciso insistir en este sentido, dando un realce particular a la Eucaristía dominical y al Do-

---

(4) Cf. nn. 32-34: ECCLESIA, núm. 2.903 (1998/II), págs. 1133-1134.

(5) Cf. nn. 30-32: ECCLESIA, núm. 3.032 (2001/I), págs. 81-82.

mingo mismo, sentido como día especial de la fe, día del Señor resucitado y del don del Espíritu, verdadera Pascua de la semana» (6). En el contexto de la educación en la oración, invitaba además a cultivar la *Liturgia de las Horas,* por medio de la cual santifica la Iglesia las diferentes horas del día y el ritmo del tiempo en la articulación propia del año litúrgico.

9. Sucesivamente, con la convocación del Año del Rosario y la publicación de la Carta apostólica *Rosarium Virginis Mariæ,* reanudé el tema de la contemplación del rostro de Cristo *partiendo de la perspectiva mariana,* proponiendo nuevamente el Rosario. En efecto, esta oración tradicional, tan recomendada por el Magisterio y tan querida del Pueblo de Dios, posee una fisonomía marcadamente bíblica y evangélica, centrada en su mayor parte en el nombre y en el rostro de Jesús, observado en la contemplación de los misterios y en la repetición del *Avemaría.* Su movimiento repetitivo constituye *una suerte de pedagogía del amor,* concebida para inflamar el ánimo del mismo amor que María abriga por su Hijo. Por ello, llevando a ulterior maduración un itinerario plurisecular, quise que esta forma privilegiada de contemplación completara sus rasgos de auténtico «compendio del Evangelio» integrando en ella los misterios de luz (7). ¿Y cómo no poner, en la cumbre de los misterios de luz, a la Santa Eucaristía?

---

(6) *Ibíd.,* n. 35: ECCLESIA, *cit.,* pág. 83.

(7) Cf. Carta apostólica *Rosarium Virginis Mariæ* (16 de octubre de 2002), nn. 19 y 21: ECCLESIA, núm. 3.124 (2002/II), págs. 1584-1585. Cf. Edición de EDIBESA.

Del Año del Rosario al Año de la Eucaristía

10. Precisamente en el corazón del *Año del Rosario* promulgué la Carta encíclica *Ecclesia de Eucharistia,* con la que quise ilustrar el misterio de la Eucaristía en su relación inseparable y vital con la Iglesia. Insté a todos a celebrar el sacrificio eucarístico con el esmero que éste merece, prestando a Jesús presente en la Eucaristía, incluso fuera de la Misa, un culto de adoración digno de tan gran misterio. Sobre todo, propuse una vez más la exigencia de una espiritualidad eucarística, indicando a María como modelo de «mujer eucarística» (8).

El Año de la Eucaristía destaca, pues, *en un marco que ha ido enriqueciéndose año tras año,* si bien se ha mantenido siempre bien arraigado en el tema de Cristo y de la contemplación de su Rostro. En cierto sentido, se propone como un año de síntesis, como una especie de *cumbre de todo el camino recorrido.* ¡Cuántas cosas podrían decirse para vivir bien este Año! Yo me limitaré a indicar algunas perspectivas que pueden ayudar a todos a converger hacia actitudes luminosas y fecundas.

---

(8) Carta encíclica *Ecclesia de Eucharistia* (17 de abril de 2003), n. 53: ECCLESIA, núms. 3.149-50 (2003/I), pág. 613. Cf. Edición de EDIBESA.

II

La Eucaristia, misterio de luz

«Les explicó lo que se refería a él en toda la Escritura» (Lc 24, 27)

11. El relato de la aparición de Jesús resucitado a los dos discípulos de Emaús nos ayuda a enfocar un primer aspecto del misterio eucarístico, que ha de estar siempre presente en la devoción del Pueblo de Dios: *la Eucaristía, misterio de luz*. ¿En qué sentido puede decirse esto, y qué implicaciones se derivan de ello para la espiritualidad y para la vida cristiana?

Jesús se calificó a sí mismo como «luz del mundo» (Jn 8, 12), y esta propiedad suya queda harto patente en aquellos momentos de su vida, como la Transfiguración y la Resurrección, en que su gloria divina resplandece con claridad. En la Eucaristía, en cambio, la gloria de Cristo está velada. El sacramento eucarístico es *«mysterium fidei»* por antonomasia. Sin embargo, precisamente a través del misterio de su total ocultación, Cristo se hace misterio de luz, gracias al cual el creyente se ve introducido en las profundidades de la vida divina. No sin feliz intuición, el célebre icono de la Trinidad de Rublev sitúa significativamente a la Eucaristía en el centro de la vida trinitaria.

12 La Eucaristía es luz ante todo porque en toda Misa la liturgia de la Palabra de Dios precede a la liturgia eucarística, en la unidad de las dos «mesas», la de la Palabra y la del Pan. Esta continuidad aflora en el discurso eucarístico del Evangelio de Juan,

donde el anuncio de Jesús pasa de la presentación fundamental de su misterio a la ilustración de su dimensión propiamente eucarística: «Mi carne es verdadera comida y mi sangre es verdadera bebida» (Jn 6, 55). Sabemos que fue esta dimensión la que puso en dificultad a gran parte de sus oyentes, induciendo a Pedro a hacerse portavoz de la fe de los demás apóstoles y de la Iglesia de todos los tiempos: «Señor, ¿a quién vamos a acudir? Tú tienes palabras de vida eterna» (Jn 6, 68). En el relato de los discípulos de Emaús, el propio Cristo interviene para mostrar, «comenzando por Moisés y siguiendo por los Profetas», que «toda la Escritura» conducía al misterio de su persona (cf. Lc 24, 27). Sus palabras hacen que «ardan» los corazones de los discípulos, los sustraen a la oscuridad de la tristeza y de la desesperación, suscitan en ellos el deseo de permanecer con él: «Quédate con nosotros, Señor» (cf. Lc 24, 29).

13. Los Padres del Concilio Vaticano II, en la Constitución *Sacrosanctum Concilium,* quisieron que la «mesa de la Palabra» abriera con abundancia a los fieles los tesoros de la Escritura (9). Por ello permitieron que, en la celebración litúrgica, particularmente las lecturas bíblicas se ofrecieran en la lengua que todos comprendieran. Es Cristo mismo el que habla cuando en la Iglesia se lee la Sagrada Escritura (10). Al mismo tiempo, recomendaron al celebrante la homilía como parte de la misma liturgia, destina-

(9) Cf. n. 51.
(10) Cf. *ibíd.,* n. 7.

da a ilustrar la Palabra de Dios y a actualizarla para la vida cristiana (11). Cuarenta años después del Concilio, el *Año de la Eucaristía* puede constituir una importante ocasión para que las comunidades cristianas *verifiquen este punto.* Y es que no basta con que los pasajes bíblicos se proclamen en una lengua comprensible, si la proclamación no se realiza con la atención, la preparación previa, la escucha devota y el silencio meditativo necesarios para que la Palabra de Dios toque la vida y la ilumine.

«Lo habían reconocido al partir el pan» (Lc 24, 35)

14. Resulta significativo que los dos discípulos de Emaús, convenientemente preparados por las palabras del Señor, lo reconocieran mientras estaban sentados a la mesa en el sencillo gesto de la «fracción del pan». Una vez que las mentes están iluminadas y los corazones reconfortados, los signos «hablan». La Eucaristía se desarrolla toda ella en el contexto dinámico de signos portadores de un mensaje denso y luminoso. De alguna manera, a través de los signos el misterio se abre a los ojos del creyente.

Como he subrayado en la Encíclica *Ecclesia de Eucharistia,* importa que ninguna dimensión de este sacramento permanezca desatendida. En efecto, siempre está presente en el hombre la tentación de reducir la Eucaristía a sus propias dimensiones, mientras que, en realidad, *es él quien debe abrirse a las dimensiones del misterio*. «La Eucaristía es un don

---

(11) Cf. *ibíd.*, n. 52.

demasiado grande para admitir ambigüedades y reducciones» (12).

15. No cabe duda de que la dimensión más evidente de la Eucaristía es la del *banquete*. La Eucaristía nació, la tarde del Jueves Santo, en el contexto de la cena pascual. Por eso lleva inscrito en su estructura *el sentido de la compartición convival*: «Tomad, comed [...] Y tomando un cáliz [...] se lo pasó diciendo: Bebed todos...» (Mt 26, 26.27). Este aspecto expresa fehacientemente la relación de comunión que Dios quiere establecer con nosotros y que nosotros mismos debemos desarrollar mutuamente.

Con todo, no podemos olvidar que el banquete eucarístico también tiene un sentido honda y primariamente *sacrificial* (13). En él Cristo nos representa *el sacrificio realizado de una vez por todas en el Gólgota*.

Aun estando presente en él como resucitado, lleva las señales de su pasión, de la que toda Santa Misa es «memorial», tal y como nos recuerda la liturgia con la aclamación después de la consagración: «Anunciamos tu muerte, proclamamos tu resurrección...». Al mismo tiempo, mientras actualiza el pasado, la Eucaristía *nos lanza hacia el futuro de la úl-*

---

(12) Carta encíclica *Ecclesia de Eucharistia* (17 de abril de 2003), n. 10: ECCLESIA, núms. 3.149-50 (2003/I), pág. 597.

(13) Cf. Juan Pablo II, Carta encíclica *Ecclesia de Eucharistia* (17 de abril de 2003), n. 10: ECCLESIA, núms. 3.149-50 (2003/I), pág. 597; Congregación para el Culto Divino y la Disciplina de los Sacramentos, Instrucción *Redemptionis Sacramentum* sobre algunas cosas que se deben observar o evitar acerca de la Santísima Eucaristía (25 de marzo de 2004), n. 38: ECCLESIA, núm. 3.203 (2004/I), pág. 648.

tima venida de Cristo, al término de la historia. Este aspecto «escatológico» da al sacramento eucarístico un dinamismo participativo, que infunde al camino cristiano el paso de la esperanza.

«Yo estoy con vosotros todos los días...» (Mt 28, 20)

16. Todas estas dimensiones de la Eucaristía se enlazan en un aspecto que más que todos los demás pone a prueba nuestra fe: *el misterio de la presencia «real».* Con toda la tradición de la Iglesia, nosotros creemos que, bajo las especies eucarísticas, está realmente presente Jesús. Una presencia —como explicó eficazmente el Papa Pablo VI— que se denomina «real» no por exclusión, como si las demás formas de presencia no fueran reales, sino por antonomasia, ya que en virtud de ella Cristo entero e íntegro se hace sustancialmente presente en la realidad de su cuerpo y de su sangre (14). Por eso la fe nos pide que estemos ante la Eucaristía con la conciencia de estar ante el propio Cristo. Precisamente su presencia da a las demás dimensiones —de banquete, de memorial de la Pascua, de anticipación escatológica— un significado que trasciende, con mucho, el de un mero simbolismo. La Eucaristía es misterio de presencia, por medio del cual se realiza de forma suprema la promesa de Jesús de permanecer con nosotros hasta el fin del mundo.

---

(14) Cf. Carta encíclica *Mysterium fidei* (3 de septiembre de 1965), n. 39: ECCLESIA, núm. 1.261 (1965/II), pág. 1312; Sagrada Congregación de Ritos, Instrucción *Eucharysticum mysterium* sobre el culto del Misterio eucarístico (25 de mayo de 1967), n. 9: ECCLESIA, núm. 1.343 (1967/I), pág. 833.

Celebrar, adorar, contemplar

17. ¡Misterio grande, la Eucaristía! Misterio que debe ser, ante todo, *bien celebrado*. Es menester que la Santa Misa se vea puesta en el centro de la vida cristiana, y que en cada comunidad se haga todo lo posible por celebrarla decorosamente, según las normas establecidas, con la participación del pueblo, valiéndose de los diferentes ministros en el ejercicio de las funciones previstas para ellos, y con seria atención también al aspecto de sacralidad que ha de caracterizar al canto y a la *música litúrgica*. Un compromiso concreto de este *Año de la Eucaristía* podría consistir en estudiar a fondo, en cada comunidad parroquial, los *Principios y normas para el uso del Misal Romano*. El camino privilegiado para introducirse en el misterio de la salvación realizada en los santos «signos» consiste, una vez más, en seguir con fidelidad el desarrollo del Año Litúrgico. Los pastores han de comprometerse con esa *catequesis «mistagógica»*, tan querida de los Padres de la Iglesia, que ayuda a descubrir el alcance de los gestos y de las palabras de la liturgia, ayudando a los fieles a pasar de los signos al misterio y a implicar en éste toda su existencia.

18. En especial, es necesario cultivar, tanto en la celebración de la Misa como en el culto eucarístico fuera de ella, *la conciencia viva de la presencia real de Cristo*, procurando testimoniarla con el tono de la voz, con los gestos, con los movimientos, con el comportamiento en general. A este propósito, las normas recuerdan —y yo mismo he tenido reciente-

mente ocasión de reiterarlo (15)— el relieve que debe darse a los momentos de silencio, tanto en la celebración como en la adoración eucarística. Es necesario, en síntesis, que toda la forma de tratar la Eucaristía por parte de los ministros y de los fieles se inspire en un respeto extremado (16). La presencia de Jesús en el sagrario ha de constituir como *un polo de atracción* para un número cada vez mayor de almas enamoradas de él, capaces de permanecer largo rato escuchando su voz y casi sintiendo los latidos de su corazón. «¡Gustad y ved qué bueno es el Señor!» (Sal 33 [34], 9).

La adoración eucarística fuera de la Misa ha de convertirse, durante este año, en compromiso especial de cada comunidad parroquial y religiosa. Permanezcamos largo tiempo postrados ante Jesús presente en la Eucaristía, reparando con nuestra fe y nuestro amor los abandonos, los olvidos y hasta los ultrajes que nuestro Salvador ha de sufrir en tantas partes del mundo. Profundicemos en la adoración nuestra contemplación personal y comunitaria, sirviéndonos también de soportes de oración inspirados siempre en la Palabra de Dios y en la experiencia de tantos místicos antiguos y recientes. El mismo Rosario, concebido en su sentido profundo, bíblico

---

(15) Cf. Mensaje *Spiritus et Sponsa,* en el XL aniversario de la Constitución *Sacrosanctum Concilium* sobre la Sagrada Liturgia (4 de diciembre de 2003), n. 13: ECCLESIA, núm. 3.184 (2003/II), pág. 1954.

(16) Cf. Congregación para el Culto Divino y la Disciplina de los Sacramentos, Instrucción *Redemptionis Sacramentum* sobre algunas cosas que se deben observar o evitar acerca de la Santísima Eucaristía (25 de marzo de 2004): ECCLESIA, núm. 3.203 (2004/I), págs. 644-654. Ver edición de EDIBESA: «El Sacramento de la Redención».

y cristocéntrico, que he recomendado en la Carta apostólica *Rosarium Virginis Mariæ,* podrá revelarse un camino particularmente adecuado para la contemplación eucarística, realizada en compañía de María y aprendiendo de ella (17).

Vívase este año con especial fervor la solemnidad del *Corpus Christi,* con su tradicional procesión. Que la fe en el Dios que, al encarnarse, se hizo compañero nuestro de viaje, se proclame por doquier, y especialmente en nuestras calles y entre nuestras casas, como expresión de nuestro grato amor y fuente de inextinguible bendición.

---

(17) Cf. *ibíd.,* n. 137, l.c., pág. 7.

III
La Eucaristía, fuente y epifanía de comunión

«Permaneced en mí, y yo en vosotros» (Jn 15, 4)

19. A la petición de los discípulos de Emaús de que permaneciera «con» ellos, Jesús respondió con un don mucho más grande: mediante el sacramento de la Eucaristía encontró la forma de permanecer «en» ellos. Recibir la Eucaristía significa entrar en comunión profunda con Jesús. «Permaneced en mí, y yo en vosotros» (Jn 15, 4). Esta relación de «permanencia» íntima y recíproca *nos permite anticipar, de alguna manera, el cielo en la tierra.* ¿No es tal vez éste el mayor anhelo del hombre? ¿No es lo que Dios se propuso al realizar en la historia su designio de salvación? Él ha puesto en el corazón del hombre el «hambre» de su Palabra (cf. Am 8, 11), un hambre que sólo se saciará en la unión plena con él. La comunión eucarística se nos da para «saciarnos» de Dios en esta tierra, a la espera de la satisfacción plena del cielo.

Un solo pan, un solo cuerpo

20. Pero esta intimidad especial que se realiza en la «comunión» cucarística no puede comprenderse adecuadamente ni vivirse en plenitud fuera de la comunión eclesial. Es lo que he subrayado reiteradamente en la Encíclica *Ecclesia de Eucharistia.* La Iglesia es el cuerpo de Cristo: se camina «con Cristo» en la medida en que se está en relación «con su

cuerpo». A crear y fomentar esta unidad provee Cristo con la efusión del Espíritu Santo. Y él mismo no deja de promoverla mediante su presencia eucarística. En efecto, es precisamente el único Pan eucarístico lo que hace de nosotros un solo cuerpo. Lo afirma el apóstol Pablo: «El pan es uno, y así nosotros, aunque somos muchos, formamos un solo cuerpo, porque comemos todos del mismo pan» (1Co 10, 17). En el misterio eucarístico, Jesús edifica la Iglesia como comunión, según el modelo supremo evocado por la *oración sacerdotal:* «Como tú, Padre, en mí y yo en ti, que ellos también sean uno en nosotros, para que el mundo crea que tú me has enviado» (Jn 17, 21).

21. Si la Eucaristía es *fuente* de la unidad eclesial, es también su máxima *manifestación.* La Eucaristía es *epifanía de comunión.* Por ello la Iglesia pone condiciones para que se pueda participar de manera plena en la celebración eucarística (18). Las diversas limitaciones deben inducirnos a tomar cada vez mayor conciencia de *cuán exigente es la comunión que Jesús nos pide.* Es comunión *jerárquica,* basada en la conciencia de la diversidad de funciones y ministerios, continuamente reiterada también en la

---

(18) Cf. Juan Pablo II, Carta encíclica *Ecclesia de Eucharistia* (17 de abril de 2003), n. 44: ECCLESIA, núms. 3.149-50 (2003/I), págs. 608-610; *Código de Derecho Canónico,* can. 908; *Código de los Cánones de las Iglesias Orientales,* can. 702; Pontificio Consejo para la Promoción de la Unidad de los Cristianos, *Directorium Oecumenicum* (25 de marzo de 1993), nn. 122-125, 129-131: *AAS* 85 (1993), 1086-1089; Congregación para la Doctrina de la Fe, Carta *Ad exsequendam* (18 de mayo de 2001): ECCLESIA, núm. 3.088 (2002/I), págs. 243-624.

oración eucarística con la mención del Papa y del obispo diocesano. Es comunión fraterna, cultivada con una «espiritualidad de comunión» que nos induce a sentimientos de apertura, de afecto, de comprensión y de perdón recíprocos (19).

«Un solo corazón y una sola alma» (Hch 4, 32)

22. En cada Santa Misa estamos llamados a medirnos con el ideal de comunión que el libro de los Hechos de los Apóstoles traza como modelo para la Iglesia de siempre. Se trata de la Iglesia reunida alrededor de los Apóstoles, convocada por la Palabra de Dios, capaz de una compartición que no afecta tan sólo a los bienes espirituales, sino a los mismos bienes materiales (cf. Hch 2, 42-47; 4, 32-35). En este *Año de la Eucaristía,* el Señor nos invita a acercarnos lo más posible a este ideal. Han de vivirse con especial aplicación los momentos sugeridos ya por la liturgia para la «Misa estacional», que el obispo celebra en la catedral con sus presbíteros y diáconos y con la participación del Pueblo de Dios en todos sus estamentos. Ésta es la «manifestación» principal de la Iglesia (20). Pero será loable individuar *otras ocasiones significativas,* también a nivel parroquial, para que el sentido de la comunión crezca, al hallar en la celebración eucarística un renovado fervor.

---

(19) Cf. Juan Pablo II, Carta apostólica *Novo millennio ineunte* (6 de enero de 2001), n. 43: ECCLESIA, núm. 3.032 (2001/I), pág. 85.

(20) Cf. Concilio Ecuménico Vaticano II, Constitución sobre la Sagrada Liturgia *Sacrosanctum Concilium,* n. 41.

El Día del Señor

23. Deseo especialmente que durante este año se ponga especial empeño en redescubrir y vivir plenamente el domingo como día del Señor y día de la Iglesia. Me haría feliz que se meditara una vez más lo que escribí en la Carta apostólica *Dies Domini:* «Precisamente en la Misa dominical es donde los cristianos reviven de manera particularmente intensa la experiencia que tuvieron los Apóstoles la tarde de Pascua, cuando el Resucitado se les manifestó estando reunidos (cf. Jn 20, 19). En aquel pequeño núcleo de discípulos, primicia de la Iglesia, estaba en cierto modo presente el Pueblo de Dios de todos los tiempos» (21). Presten los sacerdotes, en su dedicación pastoral, durante este año de gracia, aún mayor atención a la Misa dominical como celebración en la que la comunidad parroquial se reencuentra de manera coral, viendo ordinariamente partícipes también a los diferentes grupos, movimientos y asociaciones presentes en ella.

---

(21) N. 33: ECCLESIA, núm. 2.903 (1998/II), pág. 1134. Cf. «El Día del Señor», de EDIBESA, 1998.

IV

La Eucaristía, principio y proyecto de «misión»

«Y levantándose al momento...» (Lc 24, 33)

24. Los dos discípulos de Emaús, tras reconocer al Señor, se levantaron «al momento» (Lc 24, 33) para comunicar lo que habían visto y oído. Cuando uno ha vivido una experiencia auténtica del Resucitado, alimentándose de su cuerpo y de su sangre, no puede guardar sólo para sí la alegría sentida. El encuentro con Cristo, continuamente ahondado en la intimidad eucarística, suscita en la Iglesia y en cada cristiano *la urgencia de testimoniar y de evangelizar*. Es lo que subrayé precisamente en la homilía en la que anuncié el *Año de la Eucaristía,* haciendo referencia a las palabras de Pablo: «Cada vez que coméis de este pan y bebéis del cáliz, proclamáis la muerte del Señor, hasta que vuelva» (1Co 11, 26). El Apóstol pone en estrecha relación recíproca banquete y anuncio: entrar en comunión con Cristo en el memorial de la Pascua significa, al mismo tiempo, experimentar el deber de hacerse misionero del acontecimiento que aquel rito actualiza (22). La despedida al final de cada Misa constituye *una consigna* que impulsa al cristiano a comprometerse en la propagación del Evangelio y en la animación cristiana de la sociedad.

25. Con vistas a dicha misión, la Eucaristía no proporciona tan sólo la fuerza interior, sino también

---

(22) Cf. *Homilía en la solemnidad del Corpus Christi* (10 de junio de 2004), n. 1: ECCLESIA, núm. 3.211 (2004/I), pág. 964.

—en cierto sentido— *el proyecto.* Y es que la Eucaristía es una forma de ser que de Jesús pasa al cristiano y, a través de su testimonio, aspira a irradiarse en la sociedad y en la cultura. Para que ello se haga realidad, es preciso que todo fiel asimile, en la meditación personal y comunitaria, los valores que la Eucaristía expresa, las actitudes que inspira, los propósitos de vida que suscita. ¿Por qué no ver en ello la *consigna especial* que podría surgir del *Año de la Eucaristía?*

Dar gracias

26. Un elemento fundamental de este *proyecto* se desprende del significado mismo de la palabra «eucaristía»: acción de gracias. En Jesús, en su sacrificio, en su «sí» incondicional a la voluntad del Padre, están el «sí», el «gracias» y el «amén» de la Humanidad entera. La Iglesia está llamada a recordar a los hombres tan gran verdad. Y urge que ello se realice sobre todo en nuestra cultura secularizada, que respira el olvido de Dios y cultiva la vana autosuficiencia del hombre. Encarnar el proyecto eucarístico en la vida diaria, allí donde se trabaja y se vive —en la familia, en la escuela, en la fábrica, en las más diversas condiciones de vida— significa, entre otras cosas, testimoniar que *la realidad humana no se justifica sin la referencia al Creador:*

«Sin el Creador, la criatura se diluye» (23). Esta referencia trascendente, que nos vincula a un «gra-

(23) Concilio Ecuménico Vaticano II, Constitución pastoral sobre la Iglesia en el mundo contemporáneo *Gaudium et spes,* n. 36.

cias» perenne —a una actitud precisamente eucarística— por lo que tenemos y somos, lejos de comprometer la legítima autonomía de las realidades terrenales (24), fundamenta a ésta de la forma más verdadera, situándola, al mismo tiempo, dentro de sus justos límites.

Durante este *Año de la Eucaristía,* los cristianos han de comprometerse a testimoniar con más energía la presencia de Dios en el mundo. No tengamos miedo de hablar de Dios y de llevar con la frente muy alta los signos de la fe. La «cultura de la Eucaristía» promueve una cultura del diálogo, que en ella encuentra fuerza y alimento. Resulta erróneo estimar que la referencia pública a la fe pueda mermar la justa autonomía del Estado y de las instituciones civiles, o que incluso pueda alentar actitudes de intolerancia. Si es verdad que a lo largo de la historia no han faltado errores en esta materia también por parte de los creyentes —como reconocí con ocasión del Jubileo—, ello habrá de achacarse no ya a las «raíces cristianas», sino a la incoherencia de los cristianos en relación con sus propias raíces. Quien aprende a decir «gracias» a la manera de Cristo crucificado, podrá ser un mártir, pero jamás será un verdugo.

El camino de la solidaridad

27. La Eucaristía no es sólo expresión de comunión en la vida de la Iglesia; es también *proyecto de solidaridad* para toda la Humanidad. La Iglesia re-

---

(24) Cf. *ibíd.*

nueva continuamente en la celebración eucarística su conciencia de ser «signo e instrumento» no sólo de la unión íntima con Dios, sino también de la unidad de todo el género humano (25). Toda Misa, incluso cuando no se celebra públicamente, y tiene lugar en una región perdida de la tierra, lleva siempre el signo de la universalidad. El cristiano que participa en la Eucaristía aprende de ella a hacerse *promotor de comunión, de paz, de solidaridad* en todas las circunstancias de la vida. La desgarrada imagen de nuestro mundo, que ha iniciado el nuevo milenio con el fantasma del terrorismo y la tragedia de la guerra, convoca más que nunca a los cristianos a vivir la Eucaristía como una gran escuela de paz, en la que se forman hombres y mujeres que, en diferentes niveles de responsabilidad en la vida social, cultural y política, se hacen artífices de diálogo y de comunión.

Al servicio de los últimos

28. Hay un punto más sobre el que quisiera llamar la atención, pues en él se juega en gran medida la autenticidad de la participación en la Eucaristía, celebrada en la comunidad: se trata del impulso que ésta encuentra en la Eucaristía para *un compromiso activo por la edificación de una sociedad más justa y fraterna*. En la Eucaristía, nuestro Dios ha manifestado la forma extrema del amor, trastocando todos los criterios de dominio que rigen con demasia-

(25) Cf. Concilio Ecuménico Vaticano II, Constitución dogmática sobre la Iglesia *Lumen gentium,* n. 1.

da frecuencia las relaciones humanas y afirmando de manera radical el criterio del servicio: «Quien quiera ser el primero, que sea el último de todos y el servidor de todos» (Mc 9, 35). No es casual que en el Evangelio de Juan no hallemos el relato de la institución eucarística, sino el del «lavatorio de los pies» (cf. Jn 13, 1-20): inclinándose para lavar los pies a sus discípulos, Jesús explica de forma inequívoca el sentido de la Eucaristía. San Pablo, a su vez, reitera con vigor que no es lícita una celebración eucarística en la que no resplandezca la caridad, atestiguada por la compartición concreta con los más pobres (cf. 1Co 11, 17-22.27-34).

¿Por qué no hacer, pues, de este *Año de la Eucaristía* un período en que las diferentes comunidades diocesanas y parroquiales se comprometan de especial manera a salir al encuentro, con laboriosidad fraterna, de alguna de las tantas pobrezas de nuestro mundo? Pienso en el drama del hambre, que atormenta a cientos de millones de seres humanos; pienso en las enfermedades que afligen a los países en vías de desarrollo; en la soledad de los ancianos, en las estrecheces por las que atraviesan los desempleados, en las adversidades que afrontan los inmigrantes. Se trata de males que caracterizan —si bien en diferente medida— incluso a las regiones más opulentas. No podemos engañarnos: por el amor recíproco y, en especial, por el desvelo por el necesitado seremos reconocidos como discípulos auténticos de Cristo (cf. Jn 13, 35; Mt 25, 31-46). Éste es el criterio básico con arreglo al cual se comprobará la autenticidad de nuestras celebraciones eucarísticas.

CONCLUSIÓN

29. *O Sacrum Convivium, in quo Christus sumitur!* El Año de la Eucaristía nace del estupor con que la Iglesia se enfrenta a tan gran misterio. Se trata de un estupor que no deja de embargar mi ánimo. De él surgió la Encíclica *Ecclesia de Eucharistia.* Siento como una gran merced del vigésimo séptimo año de ministerio petrino, que estoy a punto de empezar, poder convocar ahora a toda la Iglesia a contemplar, a alabar, a adorar de forma especialísima tan inefable Sacramento. Que el *Año de la Eucaristía* constituya para todos una ocasión valiosa para una toma de conciencia renovada del tesoro incomparable que Cristo ha encomendado a su Iglesia. Que sea estímulo para una celebración más viva y sentida, de la que surja una existencia cristiana transformada por el amor.

Muchas son las iniciativas que podrán realizarse bajo esta perspectiva, según el criterio de los pastores de las Iglesias particulares. La *Congregación para el Culto Divino y la Disciplina de los Sacramentos* no dejará de ofrecer, a este respecto, útiles sugerencias y propuestas. No pido, sin embargo, que se hagan cosas extraordinarias, sino que todas las iniciativas estén inspiradas en honda interioridad. Incluso si el fruto de este Año se limitara al de reavivar en todas las comunidades cristianas *la celebración de la Misa dominical* e incrementar *la adoración eucarística fuera de la Misa,* este Año de gracia conseguiría un resultado significativo. Bueno es, con todo, mirar hacia arriba, sin contentarnos de medidas mediocres, pues sabemos que podemos contar siempre con la ayuda de Dios.

30. A vosotros, queridos *hermanos en el episcopado,* encomiendo este Año, seguro de que acogeréis mi invitación con todo vuestro ardor apostólico.

Vosotros, los *sacerdotes,* que cada día repetís las palabras de la consagración y sois testigos y anunciadores del gran milagro de amor que entre vuestras manos se realiza, dejaos interpelar por la gracia de este Año especial, celebrando cada día la Santa Misa con la alegría y el fervor de la primera vez y permaneciendo gustosos en oración ante el sagrario.

Que sea un Año de gracia para vosotros, los *diáconos,* que estáis implicados de cerca en el ministerio de la Palabra y en el servicio del altar. También vosotros, *lectores, acólitos, ministros extraordinarios de la comunión,* tened viva conciencia del don que recibís con las tareas que se os encomiendan con vistas a una celebración adecuada de la Eucaristía.

Me dirijo especialmente a vosotros, los *futuros sacerdotes:* en la vida del Seminario procurad experimentar cuán dulce es no sólo participar cada día en la Santa Misa, sino también permanecer largo rato en diálogo con Jesús Eucaristía.

Vosotros, los *consagrados y consagradas,* llamados por vuestra misma consagración a una contemplación más prolongada, recordad que Jesús en el sagrario os espera siempre junto a él, para derramar en vuestros corazones esa íntima experiencia de su amistad que es la única que puede dar sentido y plenitud a vuestra vida.

Todos vosotros, los *fieles*, redescubrid el don de la Eucaristía como luz y fuerza para vuestra vida diaria en el mundo, en el ejercicio de vuestras profesiones respectivas y en contacto con las más diversas situaciones. Redescubridlo sobre todo para vivir plenamente la belleza y la misión de la *familia*.

Mucho es, por último, lo que espero de vosotros los *jóvenes*, al tiempo que os recuerdo la cita para la *Jornada Mundial de la Juventud* en Colonia. El tema escogido —*«Hemos venido a adorarlo»* (Mt 2, 2)— se presta de especial manera a sugeriros la actitud correcta con la que vivir este año eucarístico. Llevad al encuentro con Jesús oculto bajo los velos eucarísticos todo el entusiasmo de vuestra edad, de vuestra esperanza, de vuestra capacidad de amar.

31. Están ante nuestros ojos los ejemplos de los santos, que en la Eucaristía hallaron el alimento para su camino de perfección. ¡Cuántas veces derramaron ellos lágrimas de emoción al experimentar tan gran misterio y vivieron inefables horas de alegría «nupcial» ante el Sacramento del altar! Que nos ayude sobre todo la Virgen Santa, que encarnó con toda su existencia la lógica de la Eucaristía. «La Iglesia, tomando a María como modelo, ha de imitarla también en su relación con este santísimo Misterio» (26). El Pan eucarístico que recibimos es la carne inmaculada de su Hijo: *«Ave, verum corpus natum de Maria Virgine»*. Que en este Año de gracia, sostenida por María, la Iglesia halle

(26) Juan Pablo II, Carta encíclica *Ecclesia de Eucharistia* (17 de abril de 2003), n. 53: ECCLESIA, núms. 3.149-50 (2003/I), pág. 613.

nuevo impulso para su misión y reconozca cada vez más en la Eucaristía la fuente y el culmen de toda su vida.

Vaya a todos, portadora de gracia y de alegría, mi bendición.

Vaticano, 7 de octubre, memoria de la Bienaventurada Virgen del Rosario, del año 2004, vigésimo sexto de Pontificado.

Joannes Paulus II

(Original italiano procedente del archivo informático de la Santa Sede; traducción de ECCLESIA.)